LK 56

# LES ÉTATS

## DE

## CHAMPAGNE.

*Par M. Buirette de Verrières.*

*A CHALONS,*

Chez S E N E U Z E, Imprimeur du Roi.

M. DCC. LXXXVIII.

C*E Tableau, composé de différens matériaux récueillis dans la ville de Châlons où je fais imprimer les Annales historiques de cette Ville & Comté Pairie*

*Prouve quatre faits importans pour les fastes de la Province de Champagne.*

1º. *Qu'il y a eu des États en Champagne, dans le même tems qu'il y en avait en Languedoc, & que les États de ces deux Provinces furent rivaux en patriotisme & en fidélité, lors de la prison du roi Jean en 1358.*

2º. *Que ces États de Champagne ont alors puissamment aidé le Dauphin, ( le sage Charles V.) Et que l'exemple des Champenois assemblés à Vertus, a décidé la conduite des autres Provinces du Royaume & sauvé l'État.*

3º. *Que dans les circonstances qui ont depuis exigé l'assemblée des États Généraux, les trois villes capitales de Champagne, Reims, Châlons & Troyes y ont été appellées.*

4º. *Que dans tout ce qui a pû donner à ces trois villes, qui forment la Province de Champagne, quelque mérite, dans les Annales de la nation, Châlons y a particulierement contribué, par un attachement inviolable, & par des preuves d'un zèle si généreux, que les Souverains eux-*

mêmes ont crû qu'il était de la gloire & de la dignité du Trône, d'en fignaler leur reconnaiffance.

L'analyfe hiftorique de ce qui concerne la ville de Châlons, dans les différentes affemblées des États Généraux du Royaume, ne pouvait paraître fous des aufpices plus heureufes.

Le Souverain lui-même invite à des recherches. Nous les avions déjà raffemblées, elles étaient fous notre main, parmi les matériaux deftinés à former l'Hiftoire de Champagne, à laquelle nous travaillons.

La circonftance accélere la publicité de ces recherches. Nous en offrons le précis à la VILLE DE CHALONS, comme les prémices de notre zèle & de notre dévouement.

 Les *Annales* énoncées en marge & auxquelles nous renvoyons, font *nos Annales hiftoriques de la Ville & Comté Pairie de Châlons*, imprimées chez Seneuze à Châlons.

# LES ÉTATS
## *DE CHAMPAGNE.*

Nous croyons qu'il fera agréable à nos lecteurs de leur offrir d'abord l'analyfe de ce qu'était autrefois la Champagne : on n'en a point encore une idée bien précife. Il faut au moins connaître l'ancienne conftitution du pays que l'on habite.

***ை***

La Province de Champagne, telle que nous la voyons maintenant, était, au commencement de la Monarchie, divifée en plufieurs *Cités*, abfolument indépendantes l'une de l'autre & gouvernées par des chefs différens.

*Reims, Châlons, Troyes, Langres*, font également anciens : mais n'ont point été dans l'origine fous la même adminiftration, ni la même autcrité.

Lors de la conquête des Gaules par Céfar, la cité de *Langres* formait un État particulier.

A 3

La *cité de Troyes* dépendait de la métropole de Sens : elle fuivit fon fort, & dans le partage des Gaules que fit Céfar, elles faifaient partie de la 4ᵉ. province Lyonnaife.

Cette condition ne changea point dans la nouvelle divifion des Gaules, fous Adrien.

*Reims* & *Châlons*, au contraire, étaient rangées dans la feconde Belgique, dont *Reims* était la Métropole.

Premier âge, qui n'établit aucune identité entre la cité de Troyes & celles de *Reims* & *Châlons* & rendait les peuples de ces Cités étrangers les uns aux autres.

La premiere trace que l'antiquité nous offre du nom *Champagne*, eft dans le continuateur de la chronique de Marcelin, qui commence en 379 & finit en 534. On y voit le mot *campania Remenfis*, *campania Cathalaunenfis*, pour défigner le pays *de la cité de Reims & celui de Châlons.*

Ce mot latin veut fignifier plaine, *champuni*, *pays plat*. A l'exemple de ce continuateur, *Grégoire de Tours*, *Thégan*, dans la vie de Louis le Débonnaire, Aimoin & quelques autres ont écrit *campania Remenfis*, *campania Cathalaunenfis.*

Ce nom convient parfaitement à ces pays,

qui offrent de vastes plaines ; il s'est ensuite
étendu à d'autres cantons semblables ; on a dit
*campania Trecensis*, *campania Arciacensis*, pour
désigner le *pays de Troyes* & celui d'*Arcis-
sur-Aube*.

Enfin, du mot *Campania*, en latin, on
a formé celui de *Champagne* en Français.

*Reims*, *Châlons* & *Troyes*, dans la constitution féodale du Royaume, étaient trois
grands *fiefs* considérables : ces trois villes principales de la Province, ont formé une hiérarchie particuliere ; on les distinguait sous le
nom de la *Champagne de Reims*, *la Champagne
de Châlons & la Champagne de Troyes*.

La *Champagne de Troyes* paraît avoir été
gouvernée, depuis 450 jusqu'en 710, par six
Ducs, dont le cinquieme fut *Dreux*, fils aîné
de *Pepin Héristal*, maire du Palais.

Ces Ducs peuvent avoir joué un grand rôle
dans l'histoire de ces tems-là, mais nous n'en
avons aucun monument.

Le *fief de Troyes* n'était d'abord, comme
tous les autres, qu'un gouvernement amovible.
Mais les désordres de la seconde race amene-
rent l'hérédité de tous ces fiefs, dont s'em-
parerent peu à peu ceux qui ne les tenaient
que précairement de la confiance du Prince.

*Ducs de
Champagne.*

*Fief de
Troyes.*

A 4

Ce fief ne s'étendait point au-delà du territoire de la *Champagne de Troyes*.

*Fief de Reims.*

Pendant ce tems-là, *Reims* était également un grand fief, mouvant de la Couronne, ne dépendant que de son Archevêque, qui y jouissait de tous les droits régaliens, sous la dépendance immédiate du Roi. Reims avait son Comte, qui était comme le patron de ce Duché, & c'était un fief patrimonial à la famille *de Roucy, comte héréditaire de Reims*.

*Fief de Châlons.*

De son côté, *Chálons* formait un domaine particulier, un *Comté* mouvant directement de la Couronne & possédé par son Évêque : cet Évêque était investi du titre de grand vassal, jouissait dans sa ville de toute la plénitude de l'exercice des *droits régaliens*, battait monnoie dès 865, par une concession particuliere du Roi, & réunissait toute l'autorité ecclésiastique, civile & militaire ; son *Vidame* exerçait pour lui & en son nom les deux dernieres.

### Origine des Comtes héréditaires

#### de Champagne.

#### Premier Age.

*Premier âge. Comtes de Troyes.*

Le neuvieme siècle, vers 817, vit se former la branche des *comtes de Troyes*, dits de

*Champagne*, dans la perfonne de *Bernard*, *comte de Vermandois :* d'où fuivirent,

Herbert I<sup>er</sup>., puis Herbert II, comte de Vermandois, qui prit les armes contre Raoul, roi de France. Il mit le feu à Châlons, par vengeance de ce que l'Évéque de cette ville n'avait pas voulu concourir à l'inftallation de fon fils à l'archevêché de Reims, n'étant âgé que de cinq ans.

Ainfi , *Châlons* était déjà puiffant : il ne dépendait point du comte de Troyes ou de Champagne, & fon Évêque en était feul feigneur : lorfque le comte de Vermandois devint feigneur de *Troyes*, par un don de *Hugues le Grand*, dont il avait époufé la fille. Hugues le Grand était pere de *Hugues Capet.*

Ce Herbert poffédait le comté de *Meaux*, *Château-Thierry* & *Troyes.*

Son fils Robert eut cette derniere ville : il y vint fixer fon féjour, & en chaffa *Anfegife* ou *Anfeaume*, évêque de *Troyes*, que l'on dit avoir été chancelier de France.

Herbert III , *comte de Troyes*, hérita de ce Comté. Il prenait le titre de *glorieux comte des Français :* il était neveu de *Hugues Capet* & tenait au fang royal. Le roi Lothaire lui donna , dans les actes, le titre de *Comte de*

643.

Herbert, 1. comte de Troyes.

958.
Robert , 2. comte de Troyes.

980.
Hérbert , 3. comte de Troyes , & premier comte Palatin.

Annales
pag. 60.

*son palais, Comes palatii;* cette qualité a été attachée à sa famille, d'où est venu le titre de *comte Palatin.*

Il restitua le domaine d'*Épernay* à l'archevêque de Reims: *Vertus* faisait alors partie du domaine de l'église de Reims, qui le céda à ce Comte: il s'empara aussi de *Vitry;* fortifia le *Mont-Felix* ou *Mont-Aimé*, & mourut en 994. Il laissa un fils unique

994.
Étienne,
4. comte
Palatin de
Troyes.

ÉTIENNE, comte de Troyes & de Meaux, cousin du roi *Robert*, n'avait à sa mort d'autre héritier que ce Prince, à qui ces deux domaines appartenaient; mais il n'y pensa point.

Eudes, dit le *Champenois*, fils d'Eudes comte de Blois, profita des troubles & s'empara des comtés de Troyes & de Meaux, sans beaucoup de droits, & au préjudice de la Couronne.

## SECOND AGE.

Second âge.
Eudes,
1. qualifié
comte
Palatin de
Champagne.

EUDES est le premier qui ait pris le titre de comte de Champagne. Il donna au chapitre de Reims, *Marmeri* & la *Mainferme du château de Vertus.* Il fonda, avec sa seconde femme Hermengarde, l'église de S. Martin d'Épernay: il se révolta contre le roi Henri I. L'évêque de Châlons, Roger I, frere d'Eudes, demeura fidele au Roi, & força le *comte*

*Eudes* fon frere à figner une charte en 1034, par laquelle il s'engagea *à ne jamais, ni lui, ni fes fucceffeurs bâtir aucun château ou forte-reffe plus près de Châlons que de huit lieues en circuit.* Ce comte & fes fucceffeurs ont tenu parole.

Annales p. 120, 121, 122.

ÉTIENNE deuxieme, fils d'Eudes, eut les comtés de *Troyes* & de Meaux.

Étienne, 2 comte de Champagne.

Son frere aîné *Thibault*, avait les comtés de Chartres & de Tours.

Tous deux fe révolterent contre le Roi, comme avait fait leur pere ; Étienne laiffa en mourant un fils nommé *Eudes*, que Thibault fón oncle chaffa & dépouilla.

THIBAULT réunit ainfi les quatre comtés de *Troyes*, *Meaux*, *Chartres* & *Tours* : il époufa Adele de Crepi, demeura au château de *Vertus*, fut abbé commendataire de *Saint Nicaife de Reims* & fut enterré à Épernay.

Thibault, 3. comte de Champagne.

Annales p. 142, &c.

L'un de fes fils, *Philippe*, fut évêque de Châlons en 1093.

Étienne fon fils aîné hérita d'une partie des biens de fon pere ; il mourut en Terre Sainte, où il avait accompagné Godefroy de Bouil-lon en 1100.

HUGUES, fon frere, lui fuccéda. Il époufa Conftance, fille de Philippe I, roi de Fran-

Hugues, 4. comte de Champagne.

ce. Il donna les dixmes de *Chatillon* aux moines de Molefme, & celles d'*Attigny* à l'archevêché de Reims. Il fonda l'abbaye de Clervaux. Il eft aufli connu fous le nom de *comte de Vitry*, qu'il portait avant la mort de fon frere.

Il avait vendu, avant 1136, le comté de Champagne à fon neveu *Thibault*, fils d'Étienne, mort en Terre Sainte.

Thibault, dit le *Grand*, 5. comte de Champagne.

1134.

Ce THIBAULT fut furnommé *le Grand* à caufe des immenfes libéralités qu'il fit aux monafteres & aux églifes. C'était un feigneur illuftre & puiffant : fa mere était fille de Philippe I. On l'appellait *le fecond en France après le Roi*, à caufe de fa haute naiffance & de fes grands biens. Il contribua à la fondation & à la dotation de l'abbaye de Signy.

Il fut pere de Guillaume, archevêque de Reims, appellé *le cardinal de Champagne*.

Sa fille Alix, époufa Louis VII, roi de France, & fut mere de Philippe Augufte.

Henri, 6. comte de Champagne.

HENRI, fon fils, fut *comte Palatin de Champagne ;* il approuva la ceffion que fit Guichard, *comte de Roucy*, de la vicomté *de Mareuil*, en faveur de l'abbaye de S. Remi de Reims. Il mourut en Terre Sainte. Il avoit époufé Marie, fille du roi Louis VII.

Thibault, 7. comte de Champagne.

THIBAULT fon fiere, (pendant l'abfence de

fon neveu Henri, paffé, comme fon pere, en terre-Sainte, avec Philippe Augufte) s'empara infenfiblement du comté de Champagne. Il époufa *Blanche*, fille de *Sanche, roi de Navarre.*

Après la mort de fon mari, en 1201, la comteffe *Blanche* conferva la qualité & le titre de *comteffe Palatine de Champagne.*

Elle traita avec les héritiers de Guillaume, évêque de Châlons, pour le comté du Perche.

Elle effuya un procès confidérable de la part d'Airard de Brienne, qui fut jugé à la cour des Pairs de France en 1216. En voici le fujet.

Henri, mort en Terre Sainte, avait eû de Marie, fille de Louis VII, une fille nommée *Marie*, qui époufa Beaudoin, comte de Flandre & empereur de Conftantinople, & eut pour fils Henri, qui avait fuivi en croifade Philippe Augufte & le roi d'Angleterre. Il époufa, en 1192, Ifabelle, veuve de Baudoin, roi de Jerufalem, dont il eut deux filles, Adélaïde, reine de Chipre, & Philippes, femme d'Airard, comte de Brienne.

Airard de Brienne prétendait que le comté de Champagne lui appartenait du chef de fa femme, & il en avait demandé l'inveſtiture au roi de France.

La comteſſe Blanche ſoutenait que ce fief ne pouvait être poſſédé par les femmes, & que le neveu excluait la tante.

Elle avait la garde noble de ſon fils : elle était fondée à reclamer la loi des fiefs en faveur de l'hérédité maſculine.

Le jugement des Pairs de France, rendu dans une fameuſe aſſemblée à Melun, en 1216, déclara les droits de la comteſſe Blanche légitimes.

THIBAUT quatrieme ſon fils, encore fort jeune, hérita du comté de Champagne & du royaume *de Navarre* du chef de ſa mere.

Il rendit hommage à l'archevêque de Reims pour les fiefs qu'il tenoit de lui.

Il vînt auſſi faire en perſonne, en 1214, hommage à l'évêque de Châlons, pour les fiefs qu'il poſſédait dans la mouvance de ſon évêché.

Il fut mourir en Terre Sainte : c'eſt lui qui compoſa des *chanſons* en l'honneur de la reine *Blanche*, mere de Saint Louis, dont il était épris : il aimait & cultiva les Lettres.

THIBAULT cinquieme épouſa Iſabelle, fille de Saint Louis : Il fut auſſi en Terre

---

*Marginal notes:*

1116. Jugement des pairs de France contre Airard de Brienne.

Thibault IV, 8. comte de Champagne, roi de Navarre.

Il fait hommage à l'archevêque de Reims & à l'évêque de Châlons.

Thibault V, 9. comte de Champagne, roi de Navarre.

Sainte, & à fon retour il mourut fans enfans.

HENRI fon frere lui fuccéda : il n'eut qu'une héritiere, Jeanne de Navarre, élevée à la cour de Philippe le Hardi, & mariée à 13 ans à Philippe le Bel : elle fut comteffe de Champagne & reine de Navarre.

Ainfi, Philippe le Bel hérita des comtés de Champagne & de Brie, qui ne furent point réunis à la couronne.

Son fils *Louis le Hutin*, *Philippe le Long*, & *Charles le Bel* étant morts fans enfans, le comté de Champagne & le royaume de Na-varre appartenaient, par le droit du fang, à Jeanne, fille unique de Louis le Hutin, mariée au comte d'Évreux : mais la loi des fiefs l'emporta, & le comté de Champagne fut pour jamais réuni à la couronne. Philippe de Valois reftitua depuis au comte d'Évreux le royaume de Navarre.

*❋◌◌◌❋*

Obfervons que le comté de Champagne n'eft point la province de Champagne : qu'il n'y eut de réuni à la couronne que ce quepoffédait le *comté de Champagne* dans cette province.

Cette réunion s'opéra au préjudice de l'ar-chevêché de Reims. En effet, le comte de Champagne était tenu de faire *hommage-lige*

Henri, 10. comte de Champagne, roi de Navarre.

Le roi Philippe le Bel, héritier de la Champagne & de la Navarre.

Réunion du comté de Champagne à la Couronne, en 1335.

Voir dans l'addition, fn de Flodard, les Bulles des

à l'archevêque de Reims pour neuf domaines; savoir *Vitry, Vertus, Rethel, Châtillon, Éper-nay, Roucy, Fîmes, Braine, Château-Por-tien*, avec leurs chatellenies.

Ce qui formait le patrimoine des comtes de Champagne, lors de la réunion à la couronne, confiftait en *Chaumont en Baffigny*, la *ville & comté d'Affenay* ou *Sainte Manéhould*; la *ville & comté d'Épernay, Vitry, Bar-fur-Aube, Vertus;* les *châtellenies* de *Waffy, Andélot, Coiffy, Nogent-le-Roi, Bourbonne, Grand, Montigny-le-Roi, Bar-fur-Seine* & *Mery-fur-Seine, avec la ville & comté de Troyes.*

Il n'y eut que ces objets réunis à la couronne; le furplus de la Champagne, ce qui forme le *duché de Reims* & le *comté de Châlons,* n'y ont point été réunis.

Les comtes de Champagne n'y avaient ni fouveraineté, ni jurifdiction: ces villes n'é-taient ni de la coutume, ni du reffort des comtes *de Troyes* ou de Champagne, qui, au contraire, étaient vaffaux de l'archevêque de Reims & de l'évèque de Châlons.

Les comtes de Champagne avaient à leur cour fept *Pairs laïcs,* favoir; les *comtes de Joigny,* de *Rhetel,* de *Brienne,* de *Roucy,* de *Brenne,* de *Grandpré* & de *Bar-fur-Aube*:

ces

ces feigneurs tenaient du comte de Champagne, des terres en *hommage*, & à titre de vaffaux les plus diftingués, ils étaient *Pairs* de fa
cour.



Ces *Pairs* jugeaient les caufes des vaffaux
du comte de Champagne, aux affifes ou *grands
jours*, qui fe tenaient *à Troyes* : ils y jugeaient
fuivant les *us* & *coutumes* des comtes de Troyes,
connues fous le nom d'*établiffemens*, dont on a
formé la coutume de *Troyes*, celle de *Vitry*
& celle de *Chaumont*.



Depuis la réunion à la couronne, Philippe
le Bel continua les *grands jours* qui fe tinrent
au palais royal à Troyes : c'était l'ancien palais des comtes de Champagne ; la juftice s'y
rend encore maintenant.



L'évêque, comte de Châlons, avait auffi
fa cour & fes Pairs, mais au nombre de douze,
dont fix eccléfiaftiques. Il avait, comme les
comtes de Champagne, un Chancelier-Vida-
me, un Maréchal, un Sénéchal, un Bouteil-
ler & autres grands officiers de fa maifon.



Ainfi, la conftitution du comté de
Champagne, depuis l'origine de la monarchie jufqu'à fa réunion à la couronne, vers
1300, établit une hiérarchie diftincte & fé-
parée de celle des comtes de Châlons & des

B

archevêques de Reims : mais, il n'en réfulte
qu'une parfaite égalité entre la condition de
l'un & l'autre de ces trois grands vaffaux : une
parité bien décidée, entre les *cités anciennes*
ou villes principales de ces trois grands fiefs
de la couronne ; fans qu'en aucun tems celle
de Troyes ait eû fur Reims, ou même fur
Châlons, la moindre fupériorité, la moindre
diflinction.

Leurs foires étaient également intéreffan-
tes. Ces trois villes partageaient en commun
les avantages d'un commerce immenfe, qui
faifait l'ame de ces foires.

Annales<br>pages 2, 3, 4.

Le comte de Champagne avait plus de
propriété ; il était plus puiffant : mais il n'a jamais entrepris fur l'évêque comte de Châlons.
Depuis la réunion, ces trois villes ont toujours partagé en commun la dignité de *Capi-
tale*, & le Souverain les appellait également
à fa confiance & à fon fecours. La réunion à
la couronne, du patrimoine des comtes de
Champagne, n'a donné au Roi aucuns droits
de plus, fur *Châlons & Reims*, qu'il n'y en
avait auparavant.

Tout ce que cette révolution a produit,
c'eft qu'il n'y a plus eû de *comte de Champagne
propriétaire ;* que ce titre, la qualité de grand

Baron, la dignité de Pair, ont été anéantis, confondus dans la main souveraine, & que le Trône a hérité de cet immense patrimoine.

Tandis que *Reims & Châlons* sont restés en leur entier, & que leurs Prélats ont continué à jouir du titre de grand Vassal & de la dignité de Duc & de Pair ecclésiastiques.

Ce titre de comte de Champagne n'a été donné au comte de Troyes, que parce qu'il était le seul qui pût porter ce nom & le rendre héréditaire; puisque les deux autres comtes, celui de la *Champagne de Châlons,* ni l'archevêque de Reims, comte de la *Champagne de Reims,* ne pouvaient prendre le titre héréditaire de leurs fiefs, ce titre ne convenait qu'à un laïc, comme le comte de Troyes. Une autre raison, c'est qu'il possédait dans la Champagne plus de seigneuries que les deux autres: ainsi il était à cet égard plus puissant. Une troisieme raison, pour avoir affecté par excellence au comte de Troyes le titre de comte de Champagne, c'est la distinction de ses alliances & l'illustration de son origine, du sang de France.

De-là on a donné, à tout ce qui formait le patrimoine de ce comte, le titre de comté de Champagne.

Mais il n'a pu en réfulter aucune difpofi-tion contraire au droit effentiel des deux au-tes villes *Reims & Châlons* ; & c'eft d'après cet état primitif & actuel d'indépendance en-tre *Reims, Châlons & Troyes*, que nous allons confidérer la province de Champagne, faire connaître *fes anciens États*, & juftifier les fer-vices importans qu'ils ont rendu au Trône.

## IDÉE DES ÉTATS GÉNÉRAUX.

Les États Généraux font auffi anciens que la Monarchie, ou, pour mieux dire, elle a pris naiffance, reçu fa force & affuré fa con-fiftance, par les États Généraux.

En effet, Céfar ayant conquis les Gaules, conferva à tous ces peuples le droit de *cité*, celui de fe nommer leurs Magiftrats choifis entr'eux. Cette forme de gouvernement était en ufage dans quelques contrées des Gaules, telles que la cité de *Reims*, la *Bourgogne*, &c. Il y foumit celles qui étaient gouvernées autrement.

Ces *cités* étaient partagées en trois ordres, les *Druides* ou chefs de la Religion & des loix, les *Nobles* ou cliens, & les *Vaffaux* ou peuple. Des membres de ces ordres furveil-laient dans leur diftrict.

Dans les assemblées générales des peuples *de ces cités*, on réglait tout ce qui intéressait la société : ces états particuliers, toujours subsistans, dirigeaient l'administration générale.

César assembla à Reims *les États Généraux* des Gaules, c'est-à-dire, les chefs de chaque cité, pour régler avec eux les moyens d'entretenir la paix & de maintenir les peuples en l'obéissance des Romains.

États Généraux des *Gaules.*
*Cæsar. de Bello Gallico lib. VI.*

En les réunissant ainsi, pour communiquer avec eux sur les abus à rectifier, sur les avantages qui pouvaient convenir à leurs peuples, César s'assurait leur attachement & les disposait à aimer la domination Romaine.

La conquête des Gaules par les Francs ne changea rien à la forme d'administration : tout continua à s'y régir par les mêmes principes : le droit de *cité fut* maintenu parmi les nouveaux habitans des Gaules.

Constitution populaire des Francs.

Cette constitution était bonne & sage : elle ne pouvait que convenir à leur génie : elle établissait, elle maintenait entre ces *citoyens-soldats* les avantages de l'égalité. Ce peuple guerrier avait le plus grand intérêt à perpétuer un usage, qui était le contre-poids de tout abus d'autorité, de l'oppression du faible, & de toute entreprise sur les droits sacrés de

B 3

la liberté & de la propriété : chaque cité en maintint l'exercice bien précieusement. Elle devint la loi fondamentale.

C'est de cette habitude de l'*administration populaire*, dans une nation guerriere, qu'est née la disposition de se choisir un chef, & de se reposer sur lui de toute l'autorité, en paix comme en guerre. On voit dans une vieille chronique que « *Marcomir, un des chefs, donna* » *conseil aux Français & dans une assemblée* » *générale des Députés, ils élurent sur eux un* » *Roi. . . . Alors ils commencerent d'avoir des* » *loix, qui furent réglées par aucuns des principaux de leur nation.* »

Scipion Dupleix.

Sous la premiere & la seconde race de nos Rois, les affaires d'importance se terminaient toujours par *le jugement des grands dans l'assemblée des États. Judicio Francorum, id est ordinum, seu statuum Regni, finiebantur.* Bruffel, tom. I. liv. II. ch. 23. Le P. Ruinard, dans ses nottes sur la chronique de Frédégaire.

Annales pag. 40.

Depuis Hugues Capet en 987, jusqu'à Philippe le Bel, en 1301, les grands du Royaume, sous le règne féodal, connurent seuls, dans les assemblées générales, des

affaires d'État & les décidaient ariftocratique-
ment, en l'abfence du Peuple.

Cette forme d'adminiftration des trois ordres de l'état eft cependant fi facrée, que même
la nomination des archevêques & évêques appartenait de droit primitif au *peuple & au clergé*;
quelques Rois en dépouillerent le Peuple, mais
il leur fut rendu en 615 , par une loi expreffe.

Jufqu'à Louis le Hutin, en 1314, les affemblées de la Nation avaient deux objets : l'un de
*délibérer des affaires d'Etat :* l'autre de rendre la
juftice aux vaffaux du Roi : les pairs de fa cour,
avec les *prud'hommes* , qui depuis ont été
remplacés par les magiftrats , tenaient les
*Plaids* , qu'on appella *Parlemens*.

Les Rois d'ailleurs convoquaient tous les ans
les chefs & principaux de la Nation : d'abord
au printems, pour y délibérer de la guerre,
des affaires publiques & des grands intérêts :
enfuite en automne, pour la contribution & le
*paiement en nature* & en argent des revenus,
ou fubfides.

Mezeray remarque que dans les *Etats tenus*
en 827. « Louis le Débonnaire reçut des *dons*
» *annuels*, qui avaient accoutumés d'être pré-
» fentés non feulement *par le Peuple* , mais
» auffi par les *Eccléfiaftiques* & les *Nobles*, à



Annales
pag. 27.

» leur difcrétion. Et néanmoins aucunement » proportionnés aux revenus de leurs biens. » Heureux tems que celui où, fans aucun édit, les peuples fe cottifoient franchement pour la néceffité publique!

Alors encore, comme au commencement de la Monarchie, les revenus du Roi confif-taient *en grains, fruits & denrées*, ainfi qu'en argent : le principal impôt était la *dixme ter-ritoriale* ou *fubvention en nature* : bien anté-rieur à la dixme Eccléfiaftique, qui n'a été établie qu'en 567 & 585, & prefcrite par Charlemagne dans fes capitulaires vers 780.

Tant il eft vrai que cette efpece d'impôt eft la plus ancienne, comme la plus naturelle, & qu'en la rétabliffant ce ne ferait que re-mettre le Peuple dans fon droit primitif, de ne payer qu'en raifon du produit, fans être fous la loi de l'exaction & de l'arbitraire.

Les États Généraux ont admis dans la fuite d'autres impôts, tels que les aydes, la taille,&c. fuivant les befoins de l'état : ces contributions d'abord volontaires, font devenues perpé-tuelles.

Mais les États peuvent les remplacer par la fubvention territoriale, dont l'état floriffant de l'agriculture en France ferait une reffource im-menfe & fuffifante.

Grégoire de Tours fous Chilperic.
Duplcix Idem.

Fleury, Hift. Eccl. T. V.

Annales pag. xlvj.

*◎◎◎*

( 1296 ).

## RÉTABLISSEMENT DES ÉTATS GÉNÉRAUX.

Depuis plus de deux siècles le peuple était exclu des affemblées de la Nation. Mais il rentra dans fes droits fous Philippe le Bel, qui fit, en 1296, une affemblée générale des trois ordres du Royaume.

C'eft la premiere fois que le Tiers-État reprit féance avec les deux autres, & que le *Parlement* ancien changea de nom, pour prendre celui d'*affemblée des États Généraux*, forme connue & pratiquée depuis. *Boulainvilliers, Hift. du Gouv. de France, tom. II, pag. 44.*

( 1301 ).

Le même Prince, par l'avis d'Enguerrand de Marigny fon miniftre, affembla encore *les États Généraux*, pour s'oppofer aux prétentions du pape Boniface VIII. *Le Tiers-État* y forma fon avis, fous le nom *de requête.*

Avant cette époque, le clergé & les grands feigneurs réunis d'intérêt & de puiffance, avaient fû éloigner le peuple des délibérations publiques.

L'oppreffion du règne féodal avait facilité cette ufurpation. Mais la révolution opérée

1296.
Rétabliffe-
ment des
États
Généraux.

Premiere
époque.

1301.
Rétabliffe-
ment des
États
Généraux.

Autre
premiere
époque
fuivant
quelques
auteurs.

1190.

ſous le règne de Philippe Auguſte par les *affranchiſſemens*, par *l'établiſſement des communes* & celui des *grands bailliages*, avait rendu peu à peu le peuple à lui-même, & à meſure que l'autorité du Roi gagnait ce que perdait celle des ſeigneurs, le peuple, par le retour de la liberté, reprenait inſenſiblement ſa force, devenait plus important; l'énergie revint avec l'uſage des facultés.

Tout ce que les grands & le clergé avaient fait en l'abſence du peuple n'était point légal, cela était contraire à la conſtitution de la Monarchie.

La preuve de cette illégalité eſt la reconnaiſſance même qu'en firent les deux autres ordres, lorſque ſans oppoſition, ſans contradiction, ils admirent le Tiers-État ou les *communes* à l'aſſemblée de 1296, & ſur-tout à celle de 1301.

De leur propre aveu, de leur fait, le peuple ne fit donc que rentrer dans ſon droit, que reprendre ſa place.

Volt. hiſt. univ.

Obſervons que la *Chambre des communes* s'établiſſait alors en Angleterre. « Le mélange » des deux nations, pendant pluſieurs ſiècles, » a produit chez l'une & chez l'autre pluſieurs » loix, pluſieurs établiſſemens ſemblables :

» ils se sont soutenus en Angleterre & démen-
» tis en France, suivant le génie différent de
» ces deux nations rivales. »

( 1355. )

ÉTATS GÉNÉRAUX SOUS LE ROI JEAN.

Le règne du roi Jean nous offre une nouvelle époque des États Généraux : il les assembla à Paris vers la S. André 1355. On accorda
une armée de 30,000 hommes pendant un an,
dont l'entretien serait pris sur la gabelle qui
serait établie dans tout le royaume, & sur un
impôt de huit sols pour livre sur les denrées.

Et au mois de Mars suivant, dans une autre
assemblée, pour suppléer à l'insuffisance de
cette somme, on établit une *capitation* dont
personne ne fut exempt, pas même les Princes du Sang, chacun fut taxé selon son âge
& ses facultés.

Dans ce tems-là la France se gouvernait
presque comme l'Angleterre, nos Rois convoquaient les États Généraux, substitués aux
anciens Parlemens.

Ces États Généraux étaient entierement
semblables aux parlemens d'Angleterre, com-
posés des nobles, des évêques & des *députés
des villes.*

Les États Généraux, tenus en 1355, firent

1355.<br>Premiere<br>époque.

1356.

ſigner au roi Jean de France, preſque les mêmes règlemens que la *fameuſe charte* qu'avait ſignée Jean roi d'Angleterre.

Objet<br>des États<br>Généraux.

Les ſubſides, leur nature, leur durée y furent déterminées. Les États ne peuvent & ne doivent voter, que pour ce qui concerne les impôts : le reſte leur eſt étranger.

Le Parlement n'eût point d'entrée dans cette grande aſſemblée.

Le Prévôt de Paris, comme député né de la premiere ville du Royaume, y porta la parole au nom du Tiers-État.

Les États impoſerent un ſubſide d'environ 190,000 marcs d'argent, c'eſt-à-dire, neuf millions cinq cens mille livres, pour payer 30,000 gens de guerre.

( 1356. )

1356.<br>Seconde<br>époque.

Le roi Jean fut fait priſonnier à la bataille de Poitiers, le 19 Septembre 1356.

*Regnauld de Chauveau*, évêque de Châlons, qui commandait la cavalerie, y fut tué à côté du connétable.

Le duc de Normandie, héritier préſomptif de la couronne & premier Dauphin du nom, aſſembla les États à Paris, & leur expoſa la triſte ſituation du Royaume, le beſoin qu'il avait de fecours dans la circonftance.

Mais avant de répondre à la demande des *aides* * & *fubfides* qui étaient néceffaires, les États Généraux ne s'occuperent que de réformations, & requirent que l'on fit le procès aux miniftres & officiers du Roi.

Le Dauphin, fort embarraffé, ne put répondre, il s'excufa fur ce que fon pere, étant abfent, ce ferait lui faire injure.

Jean de Conflans, maréchal de Champagne & vidame de Châlons, était l'un des députés de la nobleffe & fort dévoué au Dauphin, dont il était l'un des confeils.

Cette premiere affemblée des états n'ayant rien produit, on fe fépara : le tems & la patience était un remede néceffaire. 1356.

Le Dauphin les raffembla au mois de Mars au palais du Parlement.

On y répéta encore contre les officiers du royaume, » qu'ils fuffent fufpendus & que plufieurs réformateurs fuffent donnés, lefquels feraient nommés par les trois états. » Vieilles chroniques.

Et de fait, tous les officiers furent fufpen-

---

» *Aides*, voulait dire ; fecours de gens de guerre, d'hommes d'armes. *Subfides* : fecours en argent, tant pour la folde des troupes, leur entretien, que pour la dépenfe particuliere du Prince.

dus, « par telle maniere, qu'en la ville de Paris on ne tint point de jurifdiction pendant
un tems, jufqu'à ce que le prévôt fut reftitué
en fon office, & *du parlement fut ordonné par
ceux du grand confeil qui avaient été élus par
lefdits états.* »

1357.    Mais enfin, le Dauphin, puiffamment aidé
du chevalier Bayard, fe rendit maître de l'autorité.

Il affembla de nouveau les états à Paris le
mardi après la Touffaints, aux Cordeliers; mais
encore fans effet.

Dans cet intervalle, le roi de Navarre fort
de fa prifon, * fe déclare contre le Dauphin,
fouleve le peuple, fe fait un parti puiffant,
court la normandie le flambeau de la difcorde
à la main, & le fecoue de toutes parts.

---

* Ce roi de Navarre, Charles le Mauvais, fils de
Jeanne de France, fille de Louis le Hutin, reine de
Navarre; voyant les affaires de la France en mauvais
état, il voulait faire valoir les prétentions qu'il avait
du chef de fa mere fur le comté de Champagne &
le royaume de Navarre, au préjudice des traités
entre fa mere & les prédéceffeurs Rois, & nonobf-
tant les échanges convenus dans ces traités : on
avait été forcé de le mettre en prifon pour arrêter
fes excès.

( 1357. )

Dans quelle situation critique se trouve le Dauphin! « Le 11 Février 1357, le prévôt de Paris monta au palais, où était Monseigneur le duc de Normandie, dauphin ; & comme ce prince paraissait étonné de ce que l'on venait de tuer en sa présence , par ordre dudit prévôt, un avocat, en face du palais, le prévôt lui dit : « Monseigneur, ne vous esbahissez de chose que vous voyez, car il est ordonné & convient qu'ainsi soit fait. » Et ce dit, aucuns de sa compagnie coururent *sus à* M<sup>re</sup>. *Jean de Conflans , chevalier , maréchal de Champagne , & en la présence dudit duc , joignant son lit , le tuèrent. . . .* Puis ils tuèrent M<sup>re</sup>. Robert de Clermont , maréchal de mondit seigneur le duc. . . . Le prévôt se rendit ensuite à l'hôtel de ville, où il annonça au peuple que ceux qui avaient été tués étaient *faux & traitres* , & qu'ils avaient été mis à mort pour le bien de la chose publique , & leur dit qu'ils ne l'abandonnassent point. »

✻◉◉◉✻

La mort de Conflans, maréchal de Champagne & l'un des députés de la noblesse aux états, fut-très sensible aux Champenois, elle les indigna contre ceux de Paris ; & comme Conflans était particulierement dévoué au

Troisieme époque.
1357.
Annales de Nicole Gilles.

14 Février 1357.

Assassinat de Jean de Conflans.

Dauphin, qui de fon côté avait en lui une grande confiance, ce prince partagea doublement leur indignation.

Il connaiffait la fidélité du peuple Champenois : il y eut recours ; & dans l'abandon univerfel où il était, il ofa fe livrer à eux avec une confiance particuliere. Ils en furent flattés : cette marque glorieufe d'eftime les pénétra, & ce fut le falut de la patrie.

En effet, dans tout le royaume, il n'y avait que la province de Languedoc qui fût dévouée au Dauphin.

La conduite des états en cette circonftance eft admirable. Préfentons-en le tableau : cette province & la nôtre furent rivales en générofité, en attachement. Elles étaient unies par leurs difpofitions, & l'hiftoire ne peut en féparer les détails.

( 1358. )

1358.
Mezeray
p. 825.
États de
Languedoc.

Les états de Languedoc, outre l'octroi libéral qu'ils firent de cinq mille hommes d'armes, mille fergens, mille albalêtriers & deux mille pertuifanniers, tous à cheval ordonnerent « que, pendant la captivité du Roi, homme ni femme, ne porteraient fur leurs habits » or, argent, perles & pierreries, ni même » aucune couleur rouge, ou robes & chape-

» rons

» rons découpés, & firent de féveres défenfes
» aux *jongleurs & méneſtriers de jouer* : ceux
» de *Champagne* ont imité ce bel exemple. »

## ( 1358. )

# ÉTATS DE CHAMPAGNE.

Cette époque eſt trop intéreſſante, ſoit pour
la province en général, ſoit pour la nation
dont elle a fixé les difpofitions & le zèle
en faveur du Dauphin, pour ne point mériter une certaine difcuffion.

C'eſt ſans doute bien mériter de la patrie
& du prince que de développer ce précieux
évenement : la variété des détails ne peut
qu'ajouter à l'intérêt de la chofe.

HISTOIRE DE FRANCE DU P. DANIEL.

« Pendant la prifon du roi Jean, la Cham-   Le P. Daniel.
pagne fut toujours affectionnée pour les intérêts du Régent, & même les députés de cette
province aux états de Paris, *voyant que tout
s'y faifait par d'injuſtes cabales, s'en retirerent.*

» Cela fit prendre la réfolution à ce prince
d'affembler les trois états de cette province
féparément & de leur demander des fecours.
Il les convoqua à Provins & puis à Vertus.

» Le roi de Navarre, qui avait promis de s'y
trouver, ne tint pas ſa parole : les députés de

Paris s'y trouverent , & les états promirent au Régent tout ce qui dépendait d'eux pour son service *& ce prince , se voyant sûr des Champenois, crut pouvoir faire un coup d'autorité qui lui réussit* , ( ô Patrie ! ô Citoyens ! ).

« Il fit publier qu'il transférait à Compiegne les états de tout le royaume , qui avaient été convoqués à Paris ,pour le premier jour du mois de Mai. La plupart des villes , jalouses de l'autorité que Paris voulait s'attribuer sur tout le reste du royaume , témoignerent au Régent qu'il leur faisait plaisir. Les choses s'y passerent fort heureusement pour le prince, à qui on accorda le subside.

## Annales de Nicole Gilles.



« Le lundi après Quasimodo le 9 Avril 1358, mondit seigneur le Régent se trouva à Provins , où il avait mandé les gens des trois états de Champagne; & bien que le roi de Navarre eut promis de s'y trouver, toutes fois il n'y alla point & y allerent de par la ville de Paris M^re. Robert de Corbie, M^re. Pierre de Rousy , archidiacre de Brie , & là, aux gens des états, mondit seigneur le Régent, par sa bouche, leur dit & rémontra le danger en quoi était le royaume de France , &

les affaires qu'il avait, & les requit qu'ils y vouluffent mettre remede. Lefquels lui firent réponfe par la bouche de Mʳᵉ. Simon de Rou- cy , comte de Brenne , « *qu'ils étaient prêts* » *de le confeiller , fervir & aider de corps &* » *de biens* , comme bons & loyaux fujets : » mais pour que les grands & plus puiffans » de Champagne n'étaient pas là , ils requi- » rent qu'ils fe puffent affembler en la ville » de Vertus , & difait icelui de Roucy, qu'il » n'iraient plus à Paris. »

« En même tems , le Dauphin avait con- voqué à Compiegne ceux de Picardie & de Vermandois.

« Et le dimanche , 29 Avril 1358 , furent les Champenois affemblés en la ville de Vertus , (à fix lieues de Châlons) pour faire réponfe au Régent , ainfi qu'ils avaient promis à l'af- femblée de Provins : mais le Régent n'y pût être , parce qu'il était encore occupé au voyage d'Amiens , & y envoya Mᵍʳ. Simon de Roucy , comte de Brenne , qui leur fit femblable requête qu'il leur avait fait à Provins , lef- quels de Champagne lui octroyerent faire une aide , c'eft à favoir, de 70 feux ez bonnes villes un homme d'armes , & au plat pays de 100 feux un homme d'armes , & des perfon-

Affemblée<br>des trois<br>États de<br>Champagne<br>à Vertus.

Ils accordent<br>aydes &<br>fubfide.

C 2

nes de morte-main & for-mariage de 200 feux un homme d'armes, *les gens d'églife un dixieme*, les nobles fur cent livres de revenu cent fous ; *lefquelles aides ils leveraient par leurs mains*, réfervé le dixieme des gens d'églife, que le Régent aurait pour fa dépenfe.

Affemblée des États Généraux à Compiegne.

» Et pour ce qu'à la derniere affemblée faite à Paris des gens des trois états, il avait été ordonné qu'ils s'affembleraient en ladite ville de Paris au premier jour de Mai en fuivant, le Régent manda & ordonna que ladite af-femblée ferait faite *à Compiegne*, & ainfi fe fit, dont ceux de Paris ne furent pas contens, mais ceux de toutes les autres villes en furent bien aifes ; & là fut accordé un fubfide, *tel que les Champenois l'avaient accordé.* »

## ANNALES DE SERRES.

Annales de Serres.

États de Champagne affemblés à Vertus.

« Le Dauphin ayant été indignement traité par les Parifiens, fe retire de cette grande forêt de Paris au pays de Champagne, en la ville *de Vertus*, où il affemble *les états du pays*; & fuivant les honorables offres qu'ils lui avaient déjà faites, il obtint d'eux tout qu'il pouvait fouhaiter, felon leurs moyens & facul-tés. Mais le plus grand fruit qu'il retira, fut le bon exemple que la conclufion de ces états donna aux autres provinces, qui firent à qui mieux mieux, pour ne céder au *Languedoc* & à la *Champagne*, en l'honneur de *la fidélité*, à laquelle Dieu & Nature obligent tous bons fujets à leur Roi & même étant à néceffité.

Ainfi, le courage commença à revivre au Dauphin, voyant par effets, fur le bord du plus extrême danger, que *les bons Français n'étaient pas morts*.

### VIEILLES CHRONIQUES.

Le jeudi après Quafimodo, 9 Avril 1358, « le Régent avait mandé par fes lettres les » gens d'églifes, les nobles & les bonnes » villes de Champaigne, pour être à Provins » & ja foit que le roi de Navarre eut efcrit par » fes lettres clofes aux deffus dits de Cham- » paigne qu'il feroit à ladicte journée, il » ne s'y trouva pas comme dit eft: mais Mre. » Pierre de Corbie & Mre. Robert de Rouffy, » archidiacre de Brie en l'églife de Paris, « furent à ladicte journée.

*(marginal note)* Vieilles chroniques. Affemblée des trois États de Champagne à Provins.

» Et le mardi en fuivant, dixieme jour » dudict mois, avant difner, ledict Régent » parla en fa perfonne aux deffus dits de » Champaigne, & leur dift que le royaume » de France eftoit en grant péril & avoit bien

*(marginal note)* Harangue du Régent aux États de Champagne.

» à faire si comme ils savoient : si leur pria
» & requist qu'ils en vousissent mettre tout
» le bon réméde qu'ils pourroient , tant par
» conseil comme par aide. Et aussi leur pria
» *qu'ils vousissent estre tout ung* : car si division
» estoit au peuple de France il estoit en grant
» péril , si comme dit est. Et outre leur dit si
» aucunes choses avoient été faites qui sem-
» blassent estre merveilleuses , que par adven-
» ture quant ils aroient oïs ceux qui lesdittes
» choses avoient fait ils en seroient apaisés. Et
» leur disoit ledit Régent , si comme on cui-
» doit pour ceulx qui avoient esté tués à Pa-
» ris , & après ce qu'il eut dit les paroles des-
» sus dittes , il dit ces paroles : Véés cy Mais-
» tre Robert de Corbie & l'Archidiacre de
» Paris qui vous diront aucunes choses de par
» les bonnes gens de la ville de Paris. Et lors
» ledit Maistre Robert dit à ceux de Cham-
» paigne comment ceux de Paris les avoient
» aimés, & les aimoient & prioient aux dessus-
» dits de Champaigne , qu'ils vousissent estre
» avec ceulx de Paris & ne vousissent estre
» merveillés si aucune chose avoient été faites
» à Paris. Si requirent les dessusdits de Cham-
» paigne , qu'ils peussent parler ensemble :
» laquelle chose il leur octroya & parlerent

» enfemble & firent favoir audit Régent qu'ils
» étoient tous prêts de lui faire réponfe. Si
» allerent ledit Régent, le duc d'Orléans
» fon oncle, le comte d'Étampes & plufieurs
» autres grands Seigneurs en ung jardin, où
» les deffufdits de Champaigne eftoient ; &
» là Meffire Simon de Rouffy, comte de
» Brenne en Lannois, répondit pour tous
» ceux du payis de Champaigne, & dift au
» au Régent, préfence les autres Seigneurs,
» que ils étoient preft de le confeiller & de
» lui aider, & de faire pour lui tout ce que
» bon & loyal fujet doit faire pour fon Sei-
» gneur. Mais pour ce que les plus grands &
» les plus puiffans de Champaigne n'étoient
» pas là, fi comme difoit ledit Comte, il
» requift audit Régent qu'il leur donnaft une
» autre journée pour eux s'affembler à Vertus
» en Champaigne, & bien lui dit ledit Comte
» que lefdits de Champaigne ne iroient plus
» à Paris. Laquelle requefte ledit Régent
» leur octroya, & fut cette journée affignée
» au dimanche 29 Avril, & après dit ledit
» Comte, que audit Mre. Robert de Corbie
» ne répondroit-il rien, car à lui n'avoit
» que répondre. Et fi demanda ledit Comte
» audit Régent, *de par les Champenois*, s'il

» avoit aucun mal au Maréchal de Cham-
» paigne, ne villenie aucune pour laquelle
» on le dut avoir mis à mort pour telle ma-
» niere que ceux de Paris le avoient mis. Et
» aussi dit ledit Comte, que de M^re. Robert
» de Clermont ne demandoit-il rien : car il
» s'en attendoit à ceux du pays dont il estoit,
» & bien creoit qu'ils en feroient bien leur
» devoir. Lequel ( Régent ) répondit qu'il
» tenoit & creoit fermement que ledit *Maré-*
» *chal de Champagne* & ledit M^re. Robert
» de Clermont l'avoient servi & conseillé
» bien & loyalement, & n'avoit oncque sceu
» le contraire : & alors ledit comte de Brenne
» répondit au Régent : Monseigneur, nous
» Champenois qui ci sommes, vous remer-
» cions de ce que vous nous avez dit, &
» nous attendons que vous farez bonne justice
» de ceux qui *vos amis* ont mis à mort sans
» cause : & ce fait, ledit Régent alla disner
» & tous les Champenois avec lui, que ils
» voulurent aller, car ils en avoient été se-
» mons (*ou* invités). » De-là le Régent alla
à Meaux.

« Le mardi, treize jour d'Avril se partit
le Régent de ladite ville de Meaux pour aller à Compiegne à une journée que il avoit

mife aux Vermandifiens que y devoient eftre,
&c. »

« Le jeudi en fuivant, 19 d'Avril, le Régent fut à Compiegne & y demoura une grande
piece ; & là lui furent apportées nouvelles
que en la ville d'Amiens avoit grant difcort
entre ceux de la ville, fi fe meut pour y aller, & alla jufqu'à Corbie ; & là oït nouvelles pour lefquelles il ne alla point outre. »

Et le dimanche vingt-neuvieme jour du mois
d'Avril, « furent les Champenois affemblés
à Vertus ; mais ledit Régent n'y fut pas. Car
il étoit au voyage d'Amiens : & pour ce y
envoya-t-il Monfeigneur Simon de Rouffy,
comte de Brenne, lequel fift telles requê-
tes aux Champenois, de par ledit Régent,
comme ledit *Seigneur* avoit fait à Provins. Si
furent par deux jours enfemble, & furent d'ac-
cord qu'ils feroient ez bonnes villes de 70
feux un homme d'armes, & au plat pays perfonnes franches de 100 feux un homme d'armes, & des perfonnes ferves de mortes-mains,
de forts-mariages de 200 feux un homme
d'armes : les gens d'églife un dixieme, les
nobles de 100 livres de revenu de terre 100
fols ; & outre ce fi aucuns bourgeois tenoient
aucuns ferfs, ils en payeroient comme les

29 Avril 1358

Affemblée
des États de
Champagne
à Vertus.

nobles avec ce qu'ils payeroient de feux. Et toute cette aide ils leveroient par leurs mains, defpenferoient par leurs mains , pour les gens d'armes, fors le dixieme que le Régent auroit pour fa dépenfe, & envoyerent audit Régent cette demande.

« Alors le Régent caffa les États de Paris & les *affembla à Compiegne* le vendredi en fuivant : & ainfi fe fit , dont ceux de Paris furent moult courroucés ; mais dans toutes les villes on avoit grant joie. Et en ladite ville de Compiegne fut accordé par tous, tant de gens de églife , comme de nobles & des bonnes villes ung fubfide pareil à celui qui avoit été accordé *à Vertus* par les Champenois. »

✶⊙◌⊙✶

1358. Archambauld de Lautrec évêque de Châlons.

Lors de l'Affemblée des trois États de Champagne à Vertus, le 29 Avril 1358, Archambault de Lautrec était évêque de Châlons. Il avait fuccédé à Regnauld de Chauveau, tué à la bataille de Poitiers, où il commandait la cavalerie.

Archambauld de Lautrec était fils d'Amauri de Lautrec & de Marguerite de *Talleyrand-Périgord*, fœur du cardinal de *Talleyrand*: Ce nom rappelle aux Citoyens de cette Province ce que l'admiration des vertus , la reconnaiffance des bienfaits , l'exemple du patriotifme & l'amour de l'humanité, peuvent infpirer de plus délicat, pour en former le tribut des fentimens que l'illuftre Préfident de l'Affemblée Provinciale de Champagne mérite à tant de titres.

Henri de Bar , que le Dauphin , depuis Charles V , appellait *fon coufin* , était alors capitaine ou gouverneur de Châlons.

1358.<br>Henri de Bar<br>gouverneur<br>ou capitaine<br>de Châlons.

Beaudoin de la Bove était fous fes ordres.

Gaucher de Chatillon étoit capitaine de Reims.

Odes de Granfy était châtelain de Louvois.

Jean IIIe. de Conflans était vidame de Châlons, depuis la mort de fon pere , affaffiné à Paris en 1357. C'eft le dernier *Vidame* de la famille de Conflans ; il n'eut point d'enfans de Béatrix de Roye, fœur de Guy de Roye, archevêque de Reims , & vendit le Vidamé de Châlons le 10 Juin 1395, à Louis d'Or-léans, comte de Vertus , ayeul de Louis XII. Le Comté de Vertus lui avait été donné en dot par Valentine de Milan , fille de Galeas de Milan & d'Ifabelle de France , fœur de Charles V , que le roi Jean fon pere avait mariée à ce Prince , moyennant *quatre cent.*

*mille florins de bijoux d'un prix inestimable,* pour contribuer à sa rançon.

## FAITS GLORIEUX A LA CHAMPAGNE.

*Faits glorieux à la Champagne.* On sait que des quinze Seigneurs qui passerent en Angleterre pour ôtages, pendant que le roi Jean vint en France pour y traiter de sa rançon, il y en avait six de la province de Champagne.

On sait aussi que des dix-neuf villes principales du Royaume, qui, pour ôtages à ce même sujet, envoyerent & entretinrent pendant trois ans en Angleterre, deux des plus notables bourgeois, la seule Province de Champagne en fournit six, dont deux de *Reims*, deux de *Châlons* & deux de *Troyes*.

*Archives de la ville.*

( 1359. )

Le dimanche 29 Mai, Assemblée des États Généraux à Paris, au Palais, pour y entendre le traité proposé au sujet de la rançon du roi Jean. Mais il y vint peu de monde, parce que les chemins étaient empêchés par les Anglais & Navarrois qui tenaient les forteresses Françaises. Châlons était de ce nombre.

La Champagne, qui avait si bien servi le Dauphin, était devenue l'objet de la fureur & des ravages des Anglais.

1359. Les Rémois, prévenus par le Dauphin du deſſein du roi d'Angleterre, d'aller attaquer Reims, ſe diſpoſerent à une vigoureuſe réſiſtance : ils firent alors une *ligue* avec la ville de Châlons pour leur commune défenſe.

« *A Remis quoque fœdus ictum cum Catalaunis, quo utraque urbs ſibi invicem adverſus Anglos opem ferret, approbante Gathero Caſtalionenſi, Remenſi capitaneo ac primoribus cleri & populi, ex uná parte : & ex alterá Balduino de la Bove, aliis que civibus Cathalaunenſibus, ſub Delphini beneplacito.* Marlot, liv. IV. c. 16.

Mais après quarante jours de ſiége, Édouard décampa ſans avoir donné aſſaut à la ville.

## ( 1411. )

## TRAITS PERSONNELS A LA VILLE DE CHALONS.

On ſe rappelle les guerres civiles qui déſolerent la France ſous Charles VI. Le 30 Octobre 1411, ce Prince fut forcé de convoquer le Ban & l'arriere-Ban de ſon Royaume : à cet effet, il fit expédier des Lettres-Patentes, portant mandement au Bailli de Vermandois de convoquer le Ban & l'arriere-Ban, & néanmoins, d'en décharger les Bourgeois de Châ-

Archives de la ville.

Ban & arriere Ban.

lons & Habitans, tant nobles que non nobles.

1413.     Autres Lettres Patentes données à Paris, le 22 Février 1413 , qui déchargent lesdits habitans de se trouver à *l'arriere-ban*, & enjoint à

Idem.     ceux qui seraient partis, *de retourner à Châlons*, pour la garde & défense de cette ville.

### ( 1417. )

1417.     Assemblée Générale à Châlons faite par plusieurs seigneurs, dénommés en l'acte, tenant le parti de Bourgogne , qu'ils étaient arrivés pour prêter confort au clergé & aux bourgeois de Châlons, pour le bien du Roi & de la chose publique, & sur ce lesdits de Châlons ont promis d'adhérer au parti de Bourgogne & de le soutenir.

1418.     Lettres Patentes de Charles VI du 1 Août 1418 , par lesquelles ce Prince loue & ratifie ce qui a été fait par le clergé & les bourgeois

Idem,     de Châlons , en ce qu'ils ont suivi ce qui leur a été enjoint par le comte d'Armagnac & ses alliés

### ( 1419. )

### ÉTATS GÉNÉRAUX.

1419, États Généraux. Charles VI. y mande les députés de Châlons.     Le roi Charles VI écrivit aux habitans de Châlons *d'envoyer de leur part, députés aux États Généraux*, pour être présens aux grands

faits & besogne qui sont à conduire à la ve-
nue du duc de Bourgogne, touchant le Roi
& ses sujets, *bons & loyaux, comme ceux de
Châlons.* ( *L'évêché était alors en régale.* )

1420. Lettre du même Roi, par laquelle,
« Duisant en mémoire les grandes fidélité &
» loyauté, que les habitans de Châlons ont
» eues, gardées envers nous & sont encore,
» en tenant le parti de nous & de notre bien
» aimé fils le duc de Bourgogne, & autre-
» ment, les *notables services & plaisirs*, qu'ils
» nous ont fait, sont incessamment & espoir
qu'ils fassent au tems à venir, & que en haine
de ce, les infracteurs & perturbateurs de paix,
comme rebelles & désobéissans, se sont effor-
cés & s'efforcent de tout leur pouvoir de les
grefver & pourter domaiges, « il accorde à
la Monnoye de Châlons 41 marcs d'argent,
tant pour tenir lieu aux habitans, d'indemnité
des pertes qu'ils ont effuyées, que pour em-
ployer aux réparations de la ville. »

( 1426 ).

### États Généraux a Paris.

Charles VII. assembla les États Généraux,
c'est-à-dire, la partie des Français qui com-
battaient pour lui.

On lui accorda une taille générale, qui, depuis est devenue perpétuelle.

Les Châlonnais étaient de ce nombre, & soutenaient ses intérêts avec la plus grande fermeté. Ce dévouement leur coûta cher. Ils eurent beaucoup à souffrir.

Ils ne purent aller à l'assemblée indiquée à Paris, parce que les ennemis occupaient les avenues de la ville & ne permettaient pas de fortir fans rifques.

Archives de la cathédrale.

Nous en avons des preuves dans les archives de la Cathédrale.

1º. Une lettre de Charles VII. aux Habibitans de Châlons, par laquelle, après le tableau de ce qu'ils ont fouffert & de l'état de détreffe où ils font réduits, il leur accorde un *octroi* pour la défenfe de la ville & le fecours des Bourgeois, « lefquels ont été toujours
» *bons, vrais & loyaux envers Nous*, & nous
» ont bien & duement obéi, foutenu & porté
» notre fait, & font chaque jour comme nos
» *bons* & fideles fubjets, dont ils ont été &
» font moult dommagiés, vexés, travaillés
» & appouvris, tant par les tailles, aides &
» fubventions, que pour la garde, tuition &
» deffenfe de ladite ville, qui eft affife ez
» frontieres, & eft tellement diminuée de peu-
» ple que de préfent n'y a pas plus de 1200
» feux taillables ou environ, & au tems paffé
» en

» en fouloit bien avoir 25 mille & eft *envi-*
» *ronnée de toutes parts* de nos ennemis , qui
» font & portent guerre la plus cruelle , forte
» & mortelle qu'ils peuvent à ladite ville ,
» en contempt & dépit de ce qu'ils nous
» obéiffent & *tellement qu'il n'eft homme qui à*
» *peiné ofe partir d'icelle ville* ... ny qui y puift
» aller mener vivres pour *la peur de nofdits*
» *ennemis* , lefquels *mettent à mort ceux de*
» *ladite ville* . . . , & taichent de tout leur
» pouvoir de prendre , avoir & mettre en
» leur obéiffance icelle ville , parquoi fi
» ainfy eftoit, ( que Dieu ne veuille ) tout
» notre païs de Champagne pourroit être hors
» de notre obéiffance, perdu & deftruit, &c. »

2°. Le Clergé de Châlons , de fon côté ,
adreffa au Chancelier & Gens du Confeil du
Roi, la lettre fuivante , pour s'excufer de ne
pouvoir affifter à cette Affemblée.

« Très-redoutés , très-prudents & très-ho-
» norés Seigneurs, &c. nous reçûmes en tout
» honneur, le quatrieme jour du préfent mois
» de Novembre , les lettres clofes du Roi
» notre fouverain Seigneur , par lefquelles
» nous mandoit être envoyés par devers vous
» pour parler des matieres , &c. , mais les
» *courfes que tous les jours font inceffamment*

» *devant les portes de cette cité* les ennemis du
» Roi notredit Seigneur & les nôtres, les
» doutes & périls des chemins pour les gar-
» nifons de gens d'armes defdits ennemis,
» ont donné & donnent tel épouvantement
» à toutes gens de bien & d'honneur, que
» aucune perfonne notable, ne ofe yffir deux
» ou trois pas hors les barrieres defdites por-
» tes, & pour ce n'y a eu homme d'honneur
» qui ledit voyage ait ofé entreprendre. »

*Signé*, Jean de Salebruche, évêque, comte
de Châlons ; Doyen & Chapitre de l'églife
du dit Châlons; & Frere Nicole, humble
abbé du monaftere de Touffaints en l'ifle de
Châlons.

## Voyage de Charles VII, en Champagne.

**1429.**
**Troyes.**

1429. La Pucelle d'Orléans prit le chemin
de Reims, par Troyes, où fix cens Anglais
& Bourguignons firent mine de fe défendre.

Le 11 Juillet felon Marlot.

Les Bourgeois étaient plus forts en nombre ;
on entra en négociation avec eux : fept jours
fe pafferent fans rien conclure. La Pucelle mit
en batterie quelques pieces de campagne, on
prépara des fafcines pour combler les foffés;

alors les Bourgeois demanderent à capituler,
la ville fut remife au Roi.

« Les députés de Châlons y arriverent, lui
préfenterent leurs clefs & lui promirent obéiffance & foumiffion. *Sur leur parole, le Roi
s'achemina vers Châlons*, où il fut parfaitement
bien reçu : il y reçut les députés de la ville
de Reims, qui lui promirent auffi toute obéiffance & qu'ils le recevraient comme leur
fouverain Seigneur. »

Le P. Daniel dit : « Châlons fuivit l'exemple de *Troyes*, mais de *meilleure grace*. « L'É-
vêque vint au-devant du Roi avec une grande
foule de peuple, & lui préfenta les clefs de
la ville. »

De Châlons on alla à Sept-Saulx, château
appartenant à l'archevêque de Reims, à quatre
lieues de cette ville ; & le Roi y refta pour
apprendre les difpofitions des bourgeois de
Reims, qui envoyerent faire leur foumiffion
au Roi, lui offrir de le recevoir dans la ville :
le Prince y fit fon entrée le lendemain qui
était un dimanche, & le 17 il fut facré.

Tout rentra dans l'obéiffance.

C'eft à la foumiffion & à la fidélité des
*Champenois* que Charles VII dut ce triomphe.
Henri IV, placé dans de pareilles circonf-

tances, leur dût aussi son Trône , mais sur-tout au zèle du peuple Châlonnais.

## ( 1483 ).

### É T A T S   G É N É R A U X   A   T O U R S.



Charles VIII, âgé de treize ans & deux mois , succéda à Louis XI son pere. Anne de France, dame de Beaujeu, sa sœur, eut le gouvernement de sa personne, comme l'avait ordonné Louis XI & ce gouvernement lui fut confirmé par les États Généràux assem-blés à Tours , malgré les oppositions du duc d'Orléans , qui, en sa qualité de premier prince du Sang , voulait avoir la principale autorité.

On établit dans ces États un conseil de dix personnes.



Nous voyons par les lettres de Charles VIII, du 24 Octobre 1483 , adressées à toutes les villes du Royaume & commission sur ce au Bailli de Vermandois , que la ville de Châ-lons *fut invitée à cette Assemblée des États.*



Un autre monument, non moins précieux, est « la copie d'un *mémoire d'association*, fait vers cette époque, *entre les Princes, Seigneurs & autres*, tant de *l'état Ecclésiastique* que *de la*

*Nobleſſe & du Tiers-État* du comté de Champagne & Brie. »

( 1588 ).

ÉTATS GÉNÉRAUX A PARIS.

Henri III, dans les fâcheuſes conjonctures où il ſe trouva par la faction des Ligueurs , s'était réuni avec la Reine pour engager Henri IV à changer de Religion.

Cet objet fut vivement agité aux États , aſſemblés à Paris. Coſme Clauſe , évêque de Châlons , s'y diſtingua par ſes lumieres & ſa prudence.

Ce Prince avait demandé à être inſtruit & qu'on le convainquît dans un Concile : le Clergé ne voulut point lui accorder cette facilité , & il fut arrêté que « *l'éveque de Châ-* » *lons*, Coſme Clauſe, *porterait à la chambre* » *des Nobles* , & l'évêque de Comminges à » celle du Tiers-État , la réſolution de ne » plus ſommer Henri IV. de ſe déclarer Ca- » tholique, attendu que ſon héréſie & inca- » pacité à la Couronne , était aſſez mani- » feſte. »

1588. États tenus à Paris par Henri III.

Livre *des troubles* , pag. 155.

( 1588 ).

## États de Blois.



Ce même Évêque affifta cette année aux États de Blois.

( 1596 ).

## Assemblée des Notables a Rouen.



Henri IV, qui avait connu & éprouvé la fidélité des habitans de Châlons en plufieurs circonftances, qui avait paffé auprès d'eux des momens fi agréables, & qui leur avait donné des preuves fi fenfibles de fon attachement, avait auffi été à même de connaître, d'apprécier le mérite & le véritable dévouement de Cofme Claufe leur évêque; il le nomma, en 1596, pour repréfenter la Province de Champagne, à l'Affemblée des Notables tenue à Rouen. Il y juftifia le choix de Henri IV & les fentimens de la Province.

( 1614 ).

## Assemblée des États Généraux a Paris.



Lettres du Roi pour la tenue des États à Sens, au mois de Septembre prochain, adreffantes au bailli de Vermandois.



Affemblée des trois états de la ville de

Châlons, convoquée en la falle des Jacobins, pour députer des perfonnes pour aller à Laon, afin de *communiquer* avec les députés des autres villes.

M. de Morillon, nommé pour fe tranf-porter à Laon, lorfqu'il aura avis que M<sup>rs</sup>. de Reims y porteront leurs cahiers pour affifter à la clôture du cahier général.

Enfuite, deux actes de la comparution des Députés de l'état de la Nobleffe & du Tiers-État de la ville de Châlons, en l'Affemblée Générale des Ordres du Vermandois, tenues à Laon le 1<sup>r</sup>. Août 1614.

### LES DÉPUTÉS DE CHALONS.

### MM.

| | |
|---|---|
| *Pour la Nobleffe.* . | Claude de l'Hôpital, *Ecuyer, Seigneur de la Chapelle.* |
| *Pour le Tiers-État.* | De Morillon, *Lieute-nant Général du Bailliage.* |
| *Pour le Clergé.* . . . | Hugues Domangin, *Chanoine, Archi-diacre.* |

Lettre de M. de Nevers, qui marque que les États fe tiendront à Paris.

( 1625 ).

Il se tint cette année , *à Châlons* , une Assemblée des Députés de toutes les villes de Champagne, par les ordres du Roi , à laquelle présidait M. le duc de Nevers, gouverneur de la Province.

( 1652 ).

Arrêt du Conseil d'État de 1651 , concernant l'Assemblée des députés des villes de Champagne , faite à Châlons le 6 Août.

Cette Assemblée avait eû lieu , parce que la ville de Châlons incommodée par les courses continuelles des ennemis , crut devoir recourir aux autres villes de la Province : les habitans de Châlons leur adresserent le tableau de leur triste situation , & les prierent d'envoyer des Députés à Châlons à l'effet de conférer sur les mesures à prendre pour reprimer ces courses. Toutes les villes s'empresserent de satisfaire aux invitations des Bourgeois de Châlons. La ville de Troyes seule ne jugea pas à propos d'y déférer.

# FORME DE LA CONVOCATION

*Des derniers États Généraux dans les Provinces d'Élection.*

Il eſt de notre ouvrage d'indiquer ce qui s'eſt pratiqué dans les Provinces d'Élection, pour la convocation des Etats Généraux à Tours 1588 & à Paris en 1614.

Lorſque le jour & le lieu de l'aſſemblée des Etats Généraux était déterminés, les Provinces d'Election en étaient inſtruites par des lettres générales du Roi aux grands Baillis & des lettres particulieres à toutes les villes du reſſort.

Chaque ville du ſecond ordre, bourg & village du reſſort recevait des inſtructions particulieres, s'aſſemblait, dreſſait ſes cahiers, les envoyait par trois députés pris dans l'ordre de la Nobleſſe, du Clergé & du Tiers-Etat; ces députés ſe rendaient au Bailliage, ou Siége royal d'où ils reſſortiſſaient, au jour convenu où devaient ſe rendre les députés de toutes les autres villes, bourgs & villages du reſſort.

Dans cet intervalle, chaque ville principale dreſſait ſon cahier particulier & de tous ces différens mémoires, on formait le cahier général des demandes des trois états du Bailliage, ou Siége intermédiaire rédigées fur un feul cahier.

Ce cahier général était porté par trois députés, l'un de chaque ordre, choifi par les fuffrages de tous les députés particuliers, à l'affemblée générale de toutes les villes du reffort, au chef lieu du grand Bailliage.

Là, tous les députés particuliers de cha-que Bailliage intermédiaire, faifaient valoir les objets des demandes portées dans les cahiers de leur diftrict & les faifaient inférer au cahier général du grand Bailliage.

Enfuite, tous ces députés intermédiaires, procédoient à la nomination des députés généraux pris également dans les trois ordres, à l'effet d'affifter en perfonnes à l'affemblée des Etats Généraux, y préfenter les cahiers, y faire valoir les *Doléances* & demandes & y foutenir les intérêts communs.

Sans doute que dans l'état actuel des chofes, les peuples des pays d'Election, ne com-muniqueront avec les Etats Généraux an-noncés, que par la voie des Affemblées Provinciales & que pour la convocation & la rédaction des cahiers de la Province, tout fe traitera par l'Affemblée Provinciale.

Dans les *pays d'Etat*, la forme était  différente de celle des Provinces d'*Election*. Tout s'y faifait fuivant la forme fubfiftante du genre d'adminiftration qui a lieu dans les pays d'Etat; elle eft l'image vivante de ce qui fe pratique à l'affemblée des Etats Généraux, dont les Etats particuliers ne font que le fimulacre & la répétition.

Les Adminiftrations provinciales imitent un peu les Etats Provinciaux : mais la reffemblance eft imparfaite & d'après l'expérience, ce qu'il y manque fait fentir tout l'avantage que l'on retirerait, fi l'on y fuppléait par *les Etats*.

Le Souverain a beaucoup fait en accordant des Adminiftrations Provinciales : le pas le plus difficile eft franchi. Le bonheur réel des peuples demande, exige cette conftitution ; c'eft la premiere de la Monarchie, elle eft notre élément naturel. L'uniformité de régime dans l'Adminiftration Générale peut feule opérer la profpérité du royaume, qui répofera alors fur ces anciennes bazes.

Les peuples, éclairés maintenant fur leurs véritables intérêts, fentent déjà tout le prix de ce nouveau bienfait ; il doit être le premier objet de leurs vœux.

La Champagne sur-tout ne demandra que d'être rétablie & maintenue dans son droit primitif : elle a eû ses *Etats* particuliers : les monumens sacrés qui attestent leur existence, signalent l'usage qu'ils ont fait de cette prérogative ; ces actes déposent du zele, de la *fidélité*, du dévouement de nos peres. Le souverain y lira ce qu'ont fait pour l'honneur de sa couronne, & la gloire du trône qu'il occupe, *les Etats des fideles Champenois assemblés à Vertus.*

Nous n'avons ni démérité ni dégénéré ; notre gloire & notre fidélité, après tant de siècles, sont entieres : en un mot, nos droits, comme nos sentimens, sont un patrimoine aussi précieux qu'inviolable.

Nous ne pouvons mieux finir, pour donner une idée juste & précise des États Généraux, qu'en rapportant la sage réflexion du Président Haynault à ce sujet. « Je dois dire » à cette occasion, que comme nous ne re- » connaissons en France d'autre Souverain » que le Roi, c'est son autorité qui fait les » loix : ainsi, les États Généraux du Royau- » me n'ont que la voix de la remontrance » & de la très-humble supplication. le Roi » défere à leurs *doléances* & à leurs prieres,

» fuivant les regles de fa prudence & de fa
» juftice : car s'il étoit obligé de leur accor-
» der toutes leurs demandes, dit un de nos
» plus célebres auteurs, il cefferoit d'être
» leur Roi ; de-là vient que pendant l'affem-
» blée des États Généraux, l'autorité du
» Parlement, qui n'eft autre chofe que celle
» du Roi, ne reçoit aucune diminution,
» ainfi qu'il eft aifé de le reconnoître dans
» les Procès-verbaux des derniers États Gé-
» néraux. » *Plaidoyer de M. de la Moignon
de Blancmefnil, Avocat général au Parlement
de Paris, du 14 Janvier 1719.*

## F I N.

BIBLIOTHEQUE NATIONALE DE FRANCE
3 7502 04465749 4